first word search

Fun First Words

illustrated by
Steve Harpster

Sterling Publishing Co., Inc.
New York

10 9 8 7 6

Published in 2004 by Sterling Publishing Co., Inc.

387 Park Avenue South, New York, NY 10016

© 2004 by Sterling Publishing Co., Inc.

Distributed in Canada by Sterling Publishing

c/o Canadian Manda Group, 165 Dufferin Street

Toronto, Ontario, Canada M6K 3H6

Distributed in the United Kingdom by GMC Distribution Services

Castle Place, 166 High Street, Lewes, East Sussex, England BN7 1XU

Distributed in Australia by Capricorn Link (Australia) Pty. Ltd.

P.O. Box 704, Windsor, NSW 2756, Australia

Sterling ISBN 13: 978-1-4027-1320-0

ISBN 10: 1-4027-1320-7

For information about custom editions, special sales, premium and corporate purchases, please contact Sterling Special Sales Department at 800-805-5489 or specialsales@sterlingpub.com.

A Note to Parents:

Word search puzzles are both great teaching tools and lots of fun. After reading the word and spelling it out loud, have your child search for it in the grid. Then once it's found, have your child use the word in a sentence. This will help to reinforce vocabulary and grammatical skills.

Directions:

Each puzzle consists of a letter grid and a word list at the bottom of the grid. Each word can be found somewhere in the letter grid. The tricky part is that a word can appear reading forward, backward, up, down, or diagonally. There are many different ways to search for a word. A few hints: first look for words that go across; words that go down; or words with unusual letters in them, like Q, Z, X, or J. Once the word is found, draw a circle around it. It's also a good idea to cross out the words from the word list once they are found so that no time is wasted searching for the same word twice. Once all of the words are found, check in the answer section to see if they are right. That's all there is to it!

Good luck and have fun!

A Words

```
V  J  V  R  M  A  T  C  A
S  T  R  A  L  K  T  D  L
R  A  B  O  N  K  L  C  P
E  L  H  T  Z  G  A  J  H
V  A  E  M  N  I  E  C  A
O  S  L  K  S  A  N  L  B
B  K  P  A  F  C  W  V  E
A  A  P  A  C  O  R  N  T
L  L  A  V  V  M  N  T  Q
```

above	angel
acorn	ant
Alaska	apple
aloha	arts
Alphabet	Asia

Abracadabra

```
D   O   T   S   E   R   P   K   L
M   C   N   W   S   L   R   K   X
P   P   A   D   X   T   Q   Y   M
V   N   R   D   C   M   R   R   I
D   A   H   I   O   D   M   E   R
C   X   G   P   M   V   N   T   R
R   A   B   B   I   T   E   S   O
M   T   E   R   C   E   S   Y   R
F   J   C   O   I   N   S   M   S
```

cards	mystery
coins	presto
dove	rabbit
magic	secret
mirrors	wand

B Words

```
N  M  X  L  B  A  B  Y  B
O  R  B  T  K  N  O  L  P
O  C  H  I  O  N  N  P  K
B  D  Q  T  G  Y  G  M  M
A  T  T  T  P  L  O  K  J
B  U  B  B  V  L  S  Q  H
B  O  K  L  R  E  N  L  C
X  G  B  U  B  B  L  E  M
W  Q  C  E  D  R  I  B  C
```

baboon	blue
baby	bongos
belly	box
big	bubble
bird	button

Beach

```
J  B  P  J  Z  F  X  Y  F
L  F  I  S  Z  I  L  J  H
F  N  W  K  N  S  N  C  F
L  I  V  A  I  H  T  A  N
M  T  E  N  Y  N  N  S  D
C  C  N  G  P  V  I  T  N
O  C  O  I  D  A  R  L  A
Y  Z  B  R  E  E  Z  E  S
S  E  A  S  H  E  L  L  R
```

bikini	radio
breeze	sand
castle	seashell
fish	swim
ocean	tan

8

Birthday Party

```
P   R   E   S   E   N   T   S   P
K   G   C   K   W   Z   S   S   I
H   N   A   X   R   D   E   E   Z
T   C   Z   M   N   N   I   L   Z
M   M   H   E   E   C   D   D   A
T   N   I   S   L   S   O   N   P
J   R   J   O   I   T   O   A   X
F   N   W   R   W   W   G   C   R
S   N   O   O   L   L   A   B   B
```

balloons	games
cake	goodies
candles	pizza
clown	presents
friends	wish

C Words

```
L  N  R  W  Q  K  F  C  R
K  L  D  U  O  L  C  H  R
C  C  H  E  W  Y  X  O  F
R  A  U  P  T  K  R  C  C
A  D  Y  T  L  V  L  O  W
Y  A  Z  W  E  E  M  L  W
O  N  O  Q  M  E  R  A  J
N  A  C  A  T  C  R  T  J
S  C  C  H  I  N  A  E  Z
```

camel	cloud
Canada	comet
chewy	cozy
China	crayons
chocolate	cute

D Words

```
R  G  P  E  S  D  G  X  L
J  V  V  M  R  N  T  D  M
T  I  U  O  I  R  M  O  N
D  R  W  C  E  G  D  C  R
D  S  N  S  T  O  L  T  L
Y  A  S  Q  N  D  V  O  R
D  E  D  E  N  M  A  R  K
D  R  D  O  O  D  L  E  D
R  E  B  M  E  C  E  D  V
```

dancing	doctor
December	dog
Denmark	doodle
dessert	drowsy
dive	drums

E Words

```
G  T  L  E  E  Q  D  D  G
T  P  E  M  S  F  C  T  P
N  Y  L  A  L  G  H  T  M
A  G  E  E  S  G  G  E  Q
H  E  X  V  I  E  M  E  M
P  W  I  E  W  P  L  T  L
E  R  T  L  T  P  H  M  M
L  F  D  Y  K  L  F  T  D
E  E  A  G  L  E  P  R  F
```

eagle	eight
easel	elephant
eel	elf
eggs	empty
Egypt	exit

Eww! Bugs!

```
G  R  E  E  N  F  L  N  C
G  R  J  S  W  L  W  Y  R
L  O  Y  T  V  K  K  D  A
A  A  P  C  F  C  T  E  W
D  C  E  E  I  L  N  L  L
Y  H  E  S  C  R  I  T  Y
B  E  R  N  P  V  R  E  C
U  S  C  I  T  N  N  E  S
G  R  E  D  I  P  S  B  M
```

beetle	icky
crawly	insects
creepy	ladybug
flies	roaches
green	spider

F Words

```
E   X   B   B   R   O   V   A   F
F   L   F   W   R   M   X   F   F
A   N   D   O   K   W   A   E   F
D   F   G   D   X   M   A   T   R
I   A   R   B   I   T   M   Y   I
R   B   G   L   H   F   R   M   E
O   L   Y   E   M   R   Y   P   N
L   E   R   L   U   K   D   M   D
F   V   L   F   Z   F   L   I   P
```

fable	flip
family	Florida
favor	fox
feather	friend
fiddle	furry

G Words

```
M  G  H  O  S  T  Y  L  T
H  R  L  Y  P  M  U  R  G
G  B  N  O  F  K  G  R  G
G  R  I  N  B  I  S  A  L
K  X  Q  Y  G  E  N  T  O
X  L  W  G  P  L  E  I  S
R  W  L  A  X  V  E  U  S
J  E  R  N  L  Q  R  G  Y
R  G  E  S  E  E  G  R  K
```

geese	grapes
ghost	green
giggle	grin
globe	grumpy
glossy	guitar

Going to School

```
N  T  E  B  A  H  P  L  A
H  R  P  K  K  Y  S  S  F
M  W  L  L  Q  R  D  U  T
D  N  A  K  E  N  N  N  B
W  H  Y  S  E  M  S  A  L
C  Q  A  I  M  G  U  L  P
R  R  R  F  Q  Z  B  Y  K
E  F  P  E  N  C  I  L  S
R  L  E  A  R  N  I  N  G
```

alphabet   fun
bus   learning
chalk   nap
erasers   pencils
friends   play

Greasy Burgers

```
S  R  S  S  A  K  T  N  P
E  T  T  N  P  D  G  J  U
I  B  M  S  O  I  O  L  H
R  U  U  E  E  I  H  S  C
F  R  S  L  S  E  N  C  T
D  G  T  K  E  K  F  O  E
L  E  A  C  E  A  T  M  K
N  R  R  I  H  H  V  T  F
T  R  D  P  C  S  T  Z  G
```

burger	mustard
cheese	onions
chips	pickles
fries	shake
ketchup	soda

Great Gizmos

```
Y  R  E  T  U  P  M  O  C
E  N  A  M  C  S  I  D  J
B  B  P  A  C  C  Z  Z  B
U  Q  B  R  O  A  W  M  Q
C  L  B  R  I  N  D  V  D
E  R  C  L  D  N  F  C  C
M  V  Q  V  A  E  T  R  N
A  X  Q  W  R  R  T  E  D
G  F  E  T  O  M  E  R  R
```

cable	printer
computer	radio
Discman	remote
DVD	scanner
GameCube	VCR

H Words

```
T  Q  R  H  N  V  T  H  L
X  T  O  P  U  C  C  I  H
H  W  H  O  R  S  E  B  P
L  O  J  A  O  R  C  J  J
Y  T  L  P  T  T  M  H  Y
B  R  P  L  R  C  M  E  E
H  I  I  K  A  V  H  L  N
H  D  F  A  E  N  M  L  O
B  P  V  N  H  K  D  O  H
```

hairy	hippo
hatch	Holland
heart	honey
hello	horse
hiccup	howl

Halloween

```
V  X  L  R  T  C  T  W  R
C  G  S  A  X  R  R  I  G
A  C  C  P  E  Z  I  T  V
N  O  R  A  I  V  C  C  F
D  S  T  K  K  D  K  H  V
Y  T  S  C  R  E  E  P  Y
V  U  O  X  F  R  T  R  L
J  M  H  J  N  K  Q  K  S
C  E  G  Y  K  O  O  P  S
```

candy
cat
costume
creepy
ghost

spiders
spooky
treat
trick
witch

I Words

```
O  H  A  D  I  C  Y  N  R
I  B  R  N  N  I  R  V  M
T  C  D  R  K  G  Y  B  I
M  I  K  H  R  L  M  L  L
A  N  C  Y  O  O  H  V  E
J  T  V  Z  O  O  S  C  M
I  D  E  A  D  G  I  X  W
N  G  M  T  N  M  R  M  M
F  G  M  G  I  M  I  Y  R
```

ice	India
icky	indoor
Idaho	Irish
idea	itch
igloo	ivy

In My Room

```
S  R  E  T  S  O  P  P  J
K  V  L  V  O  Y  T  I  S
D  W  S  I  B  E  D  C  E
L  R  D  Y  S  Z  S  T  L
N  A  E  O  O  T  K  U  Z
R  B  L  S  L  T  O  R  Z
M  C  T  A  S  X  O  E  U
H  G  M  C  R  E  B  S  P
M  P  Z  V  L  H  R  T  T
```

bed	pictures
books	posters
closet	puzzles
dresser	radio
lamp	toys

J Words

```
X  T  K  J  O  Y  C  H  E
J  X  D  J  P  Y  J  Y  C
N  L  J  M  N  I  G  D  I
J  N  U  U  G  Z  R  T  U
J  J  W  G  P  L  Z  N  J
E  Y  L  E  G  I  A  A  P
L  E  P  K  C  P  T  B  J
L  T  R  O  A  Z  Z  E  N
Y  N  T  J  T  E  J  L  R
```

Japan	joke
jazz	joy
jelly	juice
jet	jump
jiggle	Jupiter

K Words

```
K  A  K  N  O  C  K  D  M
E  E  T  L  I  K  K  T  J
T  R  K  B  P  I  K  H  R
T  O  T  I  N  X  K  G  B
L  K  P  D  S  A  C  I  L
E  H  L  D  L  S  I  N  G
Y  Y  H  A  K  Y  K  K  K
L  E  O  K  K  R  T  V  T
H  K  K  B  G  W  M  T  Q
```

kettle	kiss
key	knight
kick	knock
kilt	koala
kindly	Korea

L Words

```
Y  S  G  N  U  L  E  G  B
H  D  R  P  J  F  X  L  M
L  Y  A  E  I  L  U  V  A
J  B  K  L  P  M  O  C  L
R  A  Y  V  P  K  D  O  N
L  L  K  Y  K  Q  L  K  P
O  L  L  I  T  T  L  E  R
V  U  X  Q  G  H  L  P  K
E  L  F  Z  L  T  T  F  V
```

lady	loop
lake	love
lamb	lullaby
life	lumpy
little	lungs

Languages

```
C H I N E S E Q H
M W K M S H M S L
N E E W E C I C K
A R E N N X G A
I B R J A E C E R
L E G P P R H R A
A H S L A F F M B
T C W K J K R A I
I R U S S I A N C
```

Arabic   Hebrew
Chinese   Italian
French   Japanese
German   Russian
Greek   Spanish

Let's Play!

```
T G Y K N I L S S
M S T R O F Y R K
N O I T A R E P O
T T J J D K F Y E
A H Q F C O M Q U
G C H E S S L H L
R Z H N G T R L C
T C F S O G E L S
D N A L Y D N A C
```

Candyland
checkers
chess
Clue
dolls

forts
Legos
Operation
Slinky
tag

M Words

```
O  C  I  X  E  M  P  M  N
M  K  M  M  P  K  R  A  L
T  Y  M  O  F  N  Y  Z  T
K  N  O  W  R  H  F  E  C
R  L  M  M  S  N  G  V  M
E  H  I  U  L  T  I  A  H
N  M  M  M  X  F  R  N  Z
I  M  M  O  U  S  E  K  G
M  L  Y  T  H  G  I  M  J
```

Mars	mine
maze	mom
Mexico	morning
mighty	mouse
milk	mushy

Music

```
O  P  S  T  R  I  N  G  S
H  I  V  I  O  L  I  N  M
F  Y  D  J  O  P  M  E  T
M  L  N  A  F  S  P  V  N
Q  A  A  L  R  E  I  J  X
B  T  U  T  T  A  R  L  L
T  T  H  Z  S  O  N  M  K
E  K  M  D  K  N  O  N  H
D  C  R  S  H  A  R  P  S
```

banjo	radio
flats	sharps
flute	strings
notes	tempo
piano	violin

N Words

D T N O I S E P Y

R X D Z Y T T T F

E E Q N T M E Z N

B N N K O N L U O

M Y B U I R G W O

E T V N T G T M D

V T V A E P F H L

O R H T N J E G E

N F S E S R U N S

navy   noodles
Neptune   north
next   November
ninety   nuggets
noise   nurse

O Words

```
N  O  L  R  N  O  V  A  L
N  R  U  E  N  Z  M  O  N
H  A  L  T  Z  A  C  M  W
C  N  N  T  D  T  E  N  L
U  G  L  O  O  O  K  C  L
O  E  L  B  G  W  O  L  O
N  W  E  N  J  E  T  R  X
O  R  D  M  K  R  R  B  J
N  L  N  E  V  O  H  O  T
```

ocean	ouch
October	outdoor
orange	oval
Oregon	oven
otter	owl

On the Farm

```
H  G  T  Z  B  M  Y  W  J
M  Y  O  A  Z  G  W  R  R
S  F  R  A  I  P  L  M  L
H  N  Q  P  T  R  N  C  N
E  Y  R  O  O  S  T  E  R
E  T  R  A  C  T  O  R  W
P  Z  P  O  L  I  S  M  O
C  H  I  C  K  E  N  X  C
R  H  O  R  S  E  S  N  R
```

barn	pig
chicken	rooster
cow	sheep
goats	silo
horses	tractor

P Words

```
E  E  R  P  R  I  N  C  E
L  Q  N  P  R  L  L  T  T
P  P  F  O  M  E  E  P  P
R  B  I  V  H  N  T  L  K
U  P  M  G  A  P  A  T  N
P  A  C  L  L  Y  K  N  Y
G  S  P  N  P  E  T  A  L
H  T  H  F  F  L  T  K  T
M  A  S  E  L  B  B  E  P
```

pasta	planet
pebbles	play
petal	pretty
phone	prince
piglet	purple

Pets

```
H  A  M  S  T  E  R  B  M
G  E  L  T  R  U  T  O  N
E  T  Y  L  X  H  U  R  N
R  I  P  T  I  S  S  E  M
B  B  P  X  E  Z  T  I  N
I  B  U  L  D  T  A  Q  F
L  A  P  I  Q  L  R  W
L  R  W  K  B  Z  M  N  D
K  T  O  R  R  A  P  V  L
```

fish	mouse
gerbil	parrot
hamster	puppy
kitten	rabbit
lizard	turtle

Pirates!

```
X  E  P  A  R  R  O  T  C
Q  D  R  O  W  S  L  X  Y
N  B  C  U  K  M  H  W  T
K  E  B  W  S  C  Z  C  O
N  A  Y  L  T  A  A  C  O
A  R  P  A  S  N  E  D  B
L  D  P  R  N  H  L  R  Z
P  M  K  O  N  O  I  L  T
K  F  N  F  G  Q  R  P  N
```

beard   patch
booty   plank
cannon   ship
gold   sword
parrot   treasure

Playground

```
H O P S C O T C H
K P W S N T T M S
I B A L H Y A G H
C M S I T F N G L
K I E D L I D K N
B L E E W X X Q G
A C S S L A U G H
L S A N D B O X M
L E A P F R O G J
```

climb
hopscotch
kickball
laugh
leapfrog

sandbox
seesaw
slide
swings
tag

Q Words

```
T  K  Q  T  L  I  U  Q  Q
E  L  H  U  E  N  K  G  U
I  Y  I  T  E  C  F  V  A
U  W  O  A  I  E  M  C  R
Q  H  K  U  U  Q  N  E  T
R  Q  Q  P  U  Q  L  B  E
K  K  Q  A  B  V  R  E  R
T  L  C  M  T  Z  I  U  Q
D  K  Q  U  E  S  T  Q  L
```

quack	quest
quail	quick
quarter	quiet
Quebec	quilt
queen	quiz

R Words

```
Z  V  H  C  X  K  Z  R  R
T  H  G  I  R  D  W  E  Q
Y  O  R  I  N  G  B  E  T
N  E  B  P  J  B  M  R  R
O  L  K  O  U  O  H  O  P
B  D  M  R  R  R  C  B  L
B  D  X  T  A  K  T  I  K
I  I  H  R  E  I  G  N  L
R  R  T  T  Y  Y  N  W  T
```

rain	robin
ribbon	robot
riddle	rocket
right	Rome
ring	rubber

S Words

```
S  Y  S  P  K  Z  D  Q  Y
S  O  J  E  L  R  S  P  L
H  E  A  P  I  W  A  E  L
I  R  T  K  I  R  L  H  I
N  A  W  N  E  K  O  H  S
E  H  G  L  R  D  J  T  B
T  S  K  A  T  I  N  G  S
L  R  P  Z  F  L  K  C  T
X  S  L  Y  L  L  E  M  S
```

share   smelly
shark   soaked
shine   sparkle
silly   stories
skating   swing

Senses

H R S E E Y R R H
T F L L L F A N T
O T E L D E B B A
O P E E H U I L S
M M W M L T O W T
S W N S T G W L E
Y B T E Z K D X H
N J R N P H V L V
N T H G I R B V L

bitter
bright
feel
hear
loud

see
smell
smelly
smooth
taste

T Words

```
K H R T L V T E G
R D T L C W D L T
Y U O I I P A K R
N R T N G Y O C E
T L S U A E T I E
X Y P D T K R T C
Z G O T E X A S V
R T Z L L F Z M R
R T E E W T X Z N
```

Texas	tree
tickle	troll
tiger	tutu
toad	tweet
today	twins

U Words

```
U  N  D  E  R  W  E  A  R
N  F  S  U  N  A  R  U  U
A  K  X  D  H  K  P  U  N
B  M  Q  M  A  S  C  R  I
R  U  C  H  T  N  O  G  V
U  Y  L  A  U  C  L  E  E
T  E  I  T  I  M  H  N  R
C  R  S  N  R  R  D  T  S
S  L  U  U  K  A  N  Y  E
```

ultra	Uranus
underwear	urban
unicorn	urgent
universe	use
upstairs	Utah

Under the Sea

```
B  L  R  T  S  S  D  D  S
S  M  K  M  E  S  I  O  L
F  H  A  V  A  E  A  L  L
N  L  A  I  K  L  M  P  E
C  W  L  R  T  A  R  H  H
X  O  K  K  K  H  E  I  S
R  K  Y  T  P  W  M  N  B
Y  Z  M  K  F  I  S  H  Q
K  X  E  D  I  T  K  C  D
```

clams

dolphin

fish

mermaid

sailor

shark

shells

tide

waves

whales

Universe

```
M  L  H  T  R  A  E  N  Q
Y  N  P  T  T  W  M  D  B
K  U  L  L  V  I  N  R  N
S  S  Q  N  A  S  B  O  K
S  C  X  N  A  N  O  R  N
T  N  N  T  G  M  E  D  O
A  J  U  J  W  T  M  T  M
R  R  C  M  E  T  E  O  R
N  P  L  U  T  O  Z  M  D
```

Earth	Pluto
meteor	Saturn
Moon	sky
orbit	star
planet	sun

V Words

```
J R Y X W X K V S
V F T T R T E O U
B O N K E S E V N
B C I L T D K I E
R Z O C I E R L V
E I C V E P S L L
V F A L L I N A V
G L V O W E L G V
G C M X M K Q E Y
```

vanilla : video
vase : village
Venus : violet
verb : voice
vest : vowel

W Words

```
W   L   G   H   T   A   E   R   W
O   W   I   G   G   L   E   W   V
R   W   L   S   B   C   W   L   E
D   D   O   H   M   R   D   K   L
S   J   S   B   I   R   D   N   F
F   I   L   N   B   C   O   I   F
W   H   K   B   T   L   X   W   A
X   L   T   L   W   V   E   Q   W
E   V   B   H   S   O   O   H   W
```

waffle	wobble
whoosh	words
wiggle	worms
wink	wreath
wish	wrinkle

Watching Sports

```
Y  H  P  O  R  T  R  L  N
B  A  S  E  B  A  L  L  R
Q  T  E  N  N  I  S  A  G
N  H  P  S  R  N  T  B  N
C  C  O  O  A  H  A  T  I
R  R  P  C  Y  Y  N  O  T
D  Y  K  C  K  D  D  O  A
M  S  Y  E  M  E  S  F  K
Z  X  N  R  X  R  Y  D  S
```

baseball	snacks
cheer	soccer
football	stands
hockey	tennis
skating	trophy

X Words

```
R  K  T  L  N  B  B  E  R
R  P  X  J  T  R  M  N  C
M  G  C  T  K  Y  Q  O  M
K  R  P  C  F  T  Y  H  N
H  Q  V  N  X  A  H  P  Y
K  G  W  B  R  V  M  O  M
L  G  Y  X  P  R  Z  L  G
N  X  B  O  X  Z  Y  Y  Y
M  L  T  J  Q  R  M  X  V
```

Xbox
X-ray
xylophone

Y Words

```
Y  E  S  T  E  R  D  A  Y
Y  A  R  D  M  H  W  O  J
R  B  N  N  H  Z  L  T  K
N  Y  B  K  P  K  Y  R  M
Z  F  E  Y  L  M  X  U  D
Y  K  N  L  M  J  G  G  L
E  C  N  U  L  Z  K  O  E
S  Q  Y  A  Y  O  J  Y  I
R  A  E  Y  Y  R  W  L  Y
```

yank	yesterday
yard	yield
year	yogurt
yellow	yolk
yes	yummy

Yikes! Monsters!

```
N  Q  Y  P  M  M  S  G  L
W  I  T  C  H  C  K  Y  W
C  Z  J  T  A  Y  P  N  P
Y  M  O  R  S  E  P  N  M
C  L  Y  M  E  O  I  L  U
L  U  W  R  B  L  H  B  M
O  O  C  K  B  I  H  G  M
P  H  R  O  X  C  E  T  Y
S  G  G  E  R  G  O  C  W
```

creepy	mummy
cyclops	ogre
ghost	scary
ghoul	witch
goblin	zombie

Z Words

H	C	O	C	D	J	Z	L	Z
K	O	Z	I	G	Z	A	G	O
Z	P	L	X	K	L	A	R	N
Z	I	P	P	E	R	R	V	E
F	O	P	G	N	R	B	Z	G
J	L	O	I	N	N	E	T	R
Y	A	H	M	Z	R	Z	R	D
R	E	P	N	O	C	N	M	J
X	Z	E	I	B	M	O	Z	V

zeal	zipper
zebra	zombie
zero	zone
zigzag	zoo
zip	zoom

Zoo Fun

```
Z  N  Q  O  N  I  H  R  E
F  I  M  N  E  K  V  F  J
Q  U  W  O  Q  K  F  R  T
K  G  Z  I  N  A  A  S  L
P  N  R  L  R  K  E  N  S
A  E  R  I  X  A  E  R  S
N  P  G  Y  L  N  A  Y  H
D  X  T  I  G  E  R  R  X
A  F  M  T  B  Q  G  R  L
```

bears	penguin
giraffe	rhino
lion	tiger
monkey	seal
panda	snake

A Words

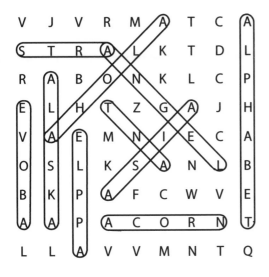

Abracadabra

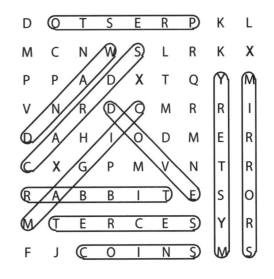

B Words

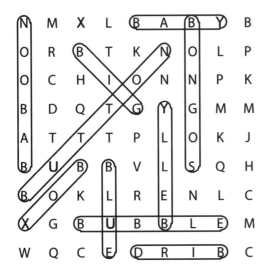

Beach

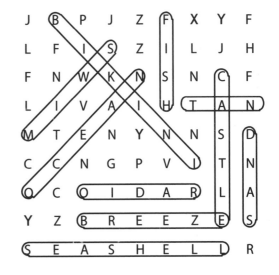

Birthday Party

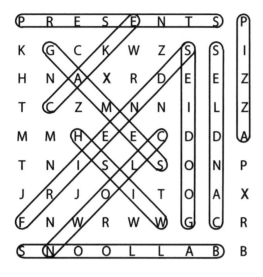

C Words

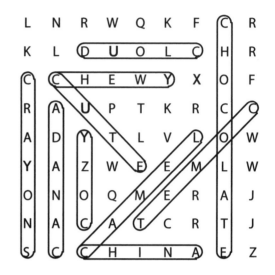

D Words

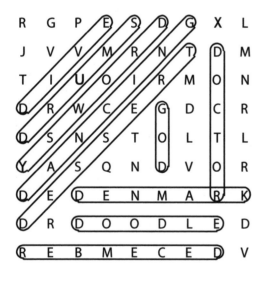

E Words

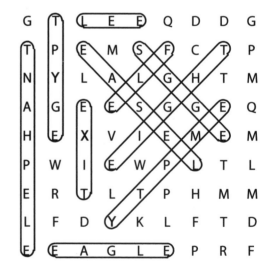

Eww! Bugs!

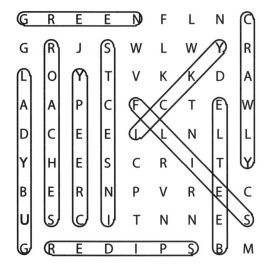

F Words

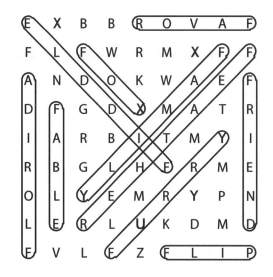

G Words

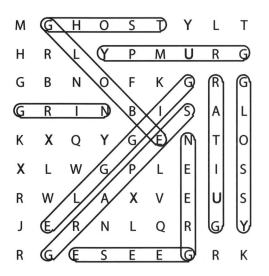

Going to School

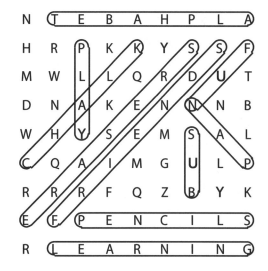

55

Greasy Burgers

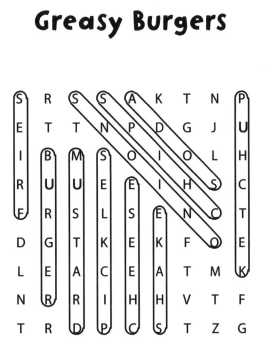

Great Gizmos

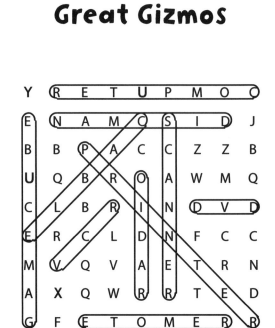

H Words

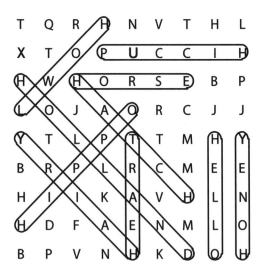

Halloween

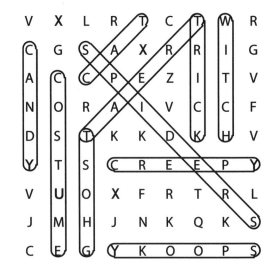

I Words

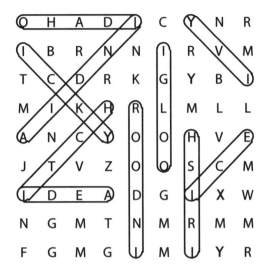

In My Room

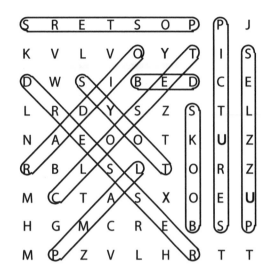

J Words

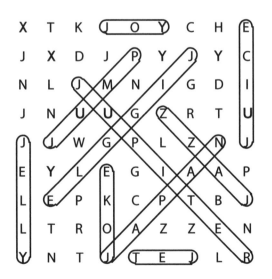

K Words

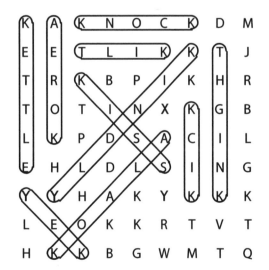

L Words

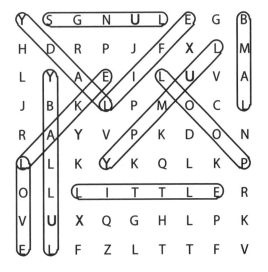

Languages

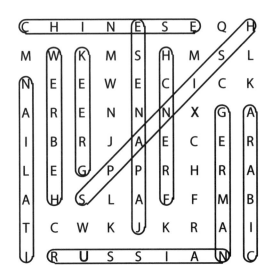

Let's Play!

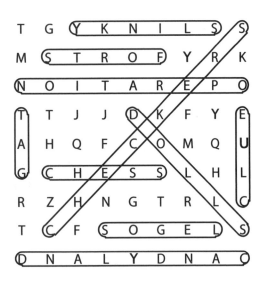

M Words

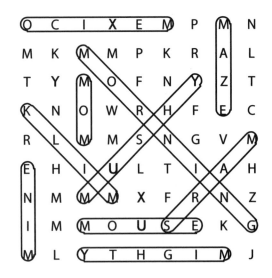

Music

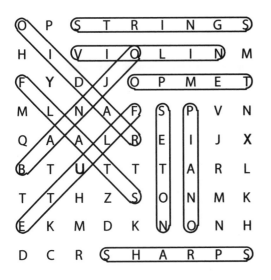

N Words

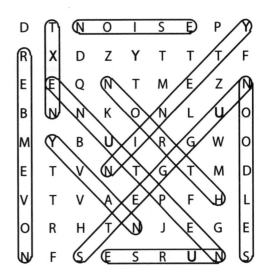

O Words

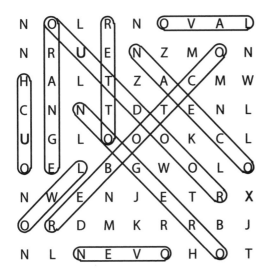

On the Farm

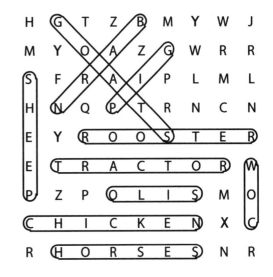

P Words

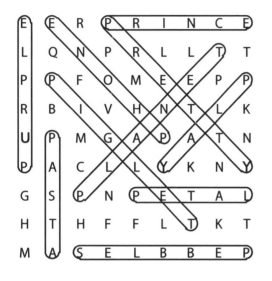

Pets

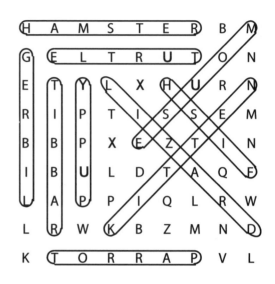

Pirates!

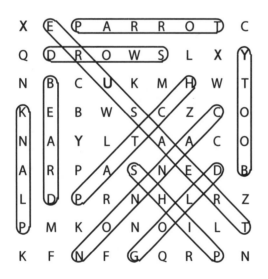

Playground

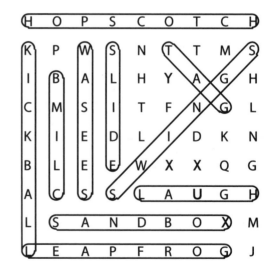

60

Q Words

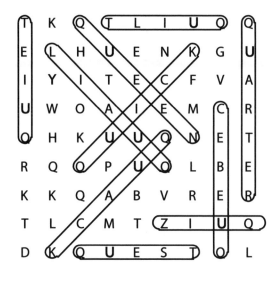

R Words

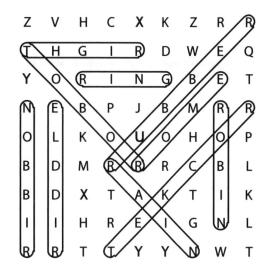

S Words

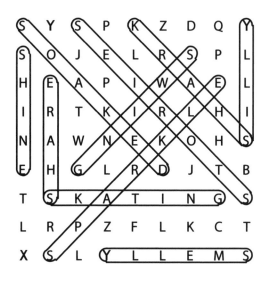

Senses

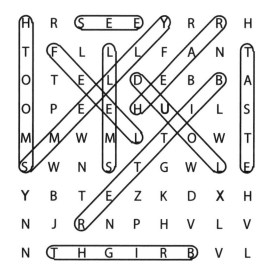

T Words

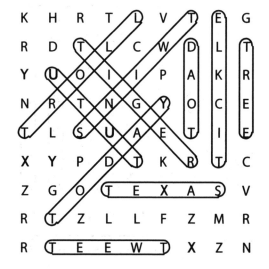

U Words

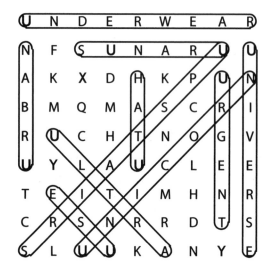

Under the Sea

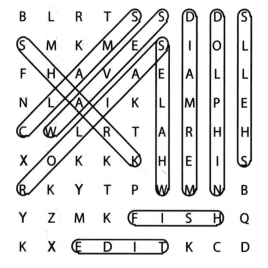

Universe

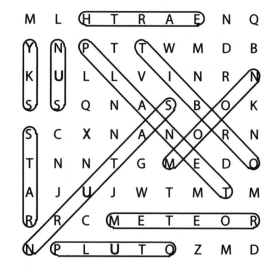

V Words

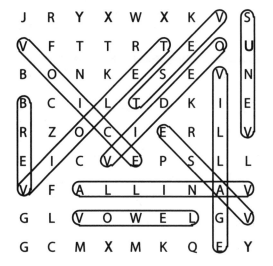

W Words

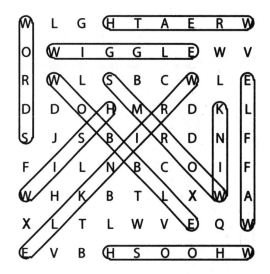

Watching Sports

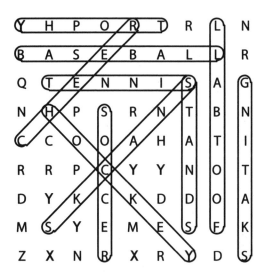

X Words

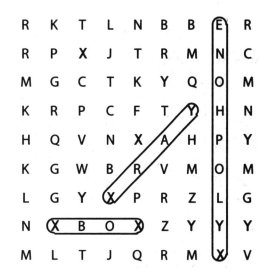

Y Words

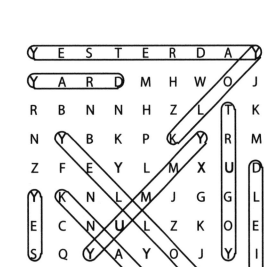

Yikes! Monsters!

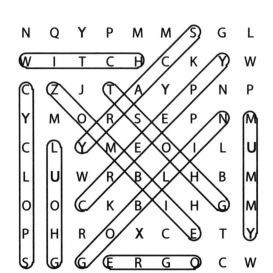

Z Words

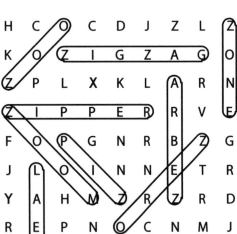

Zoo Fun